VIE POLITIQUE

DU CITOYEN

RAFFET,

Ci-devant *Commandant de la Force armée de la Section de la Butte-des-Moulins, présentement de la Montagne.*

L ORSQU'ON ne connoît que l'ambition d'être utile à sa patrie, on sait apprécier les chances de la célébrité. C'est toujours aux dépens de son repos qu'on les court, et c'est souvent au prix de sa vertu qu'on les gagne.

C'est un malheur pour tout homme qui n'est ni un ambitieux, ni un scélérat, d'être obligé d'entretenir le Public de soi, de ses dangers et de ses ennemis. Mais lorsque ces ennemis sont des tigres acharnés sur leur proye, lorsque ses dangers tiennent à ceux de la Patrie, lorsque les circonstances nous ont lancé hors des rangs ; lorque l'honneur enfin commande impérieusement la nécessité d'une explication franche et d'une défense publique , il faut avoir le courage de l'entreprendre ; C'est le motif et le but de cette *Vie politique du Citoyen Raffet.*

Cette manière de répondre aux ogres affamés de chair humaine, ne leur conviendra pas ; elle déconcertera leurs ruses habillement ourdies , mais grossierement dévoilées par le Citoyen *Mithois*, auteur inconnu du *Thélégraphe Politique* , qu'on ne connoît guère hors l'enceinte des Jacobins. Mais , comme a dit *Legendre*, il faut les condamner à vivre. Le triomphe de l'innceuce est le suplice des scélérats.

Dès les 13 et 14 Juillet 1789 , le Cit. *Raffet* rassembla 250 Citoyens de bonne volonté , avec lesquels il parcourut les carrières de Montmartre, où l'on disoit qu'un détachement de *Royal-Allemand* était embusqué : il n'y avoit personne ; mais l'apparution de ces 250 hommes, leur contenance ferme , leur civisme écrit sur leur front, rassurèrent le canton et coutribuèrent à maintenir l'ordre dans cette journée célèbre et orageuse. Le compte qui fut rendu le soir même à l'assemblée générale de Saint-Roch, fut généralement applaudi , et le Citoyen *Raffet* reçut tous les témoignages possible

d'estime et d'amitié de la part de ses concitoyens, par l'organe du citoyen *Monier-
Dubourg*, nouvellement élu Président.

Le lendemain et jours suivans, *Raffet*
continua de patrouiller et de faire respec-
ter la Loi dans son arrondissement. Le 24,
l'assemblée générale de Saint-Roch, ayant
distingué son patriotisme, le nomma Capi-
taine-Commandant des 200 hommes qui ne le
quittoient pas depuis 10 jours et avec lesquels il partageoit sa petite fortune. La même
assemblée donna le nom de *Chasseurs volon-
taire* à cette même troupe; c'est cette troupe
qu'il plaît à un écrivain ignorant ou de
mauvaise foi, imbécile écho de gens plus
scélérats, mais non plus ignorans que lui,
de nommer les *Chasseurs soldés* des
barrières. Il est de fait que ni *Raffet*,
ni ses camarades n'ont pas été plus *soldés*,
qu'ils n'ont été *Chasseurs* des *barrieres*. Ce
n'est pas le tout d'être payé à tant par jour
pour bâtir des systêmes de calomnies contre
qui il appartiendra, il faudroit au moins
rendre ces systemes tant soit peu vraisem-
blables.

Lors de la formation de la garde Nationale,
ses concitoyens le nommèrent Capitaine en
chef de la première compagnie du bataillon
de St. *Roch*; ils l'ont continué dans ce grade
d'année en année, jusqu'au 16 août 1792,
qu'il fut unanimement élu Commandant

en second et de suite Commandant en chef du même bataillon. C'est sur-tout dans l'exercice de ces dernières fonctions, que ses ennemis sont allés chercher les motifs de leur persécution et des prétextes à leur vengeance. Mais ils ne trouveront que la honte qui suit les plus lâches calomniateurs.

Nous arrivons à l'époque célèbre du 31 Mai ; nous prions les lecteurs de suivre attentivement les détails qui ont précédé, accompagné et suivi cette journée (1).

Dès le 27 mai *Ruffet* fut réquis avec sa réserve par l'Adjudant de service à la Convention. Il alla, avec trente hommes, fermer la haie sur un escalier qui sert de passage aux Députés, il étoit muni des deux ordres suivans :

---

(1) La journée du 31 Mai commence à n'être plus un probléme, et comme dit l'auteur éloquent de l'*Intérêt des Comités*, les principaux effets du 31 Mai et ceux du 9 Thermidor sont le contraire les uns des autres. Si du 31 mai il n'est pas résulté une véritable contre-révolution, c'est le 9 Thermidor qui en est une ; si Robespierre, le principal auteur du 31 Mai, n'a pas été un tyran, c'est la Convention qui exerce-roit aujourd'hui la tyrannie. Mais il n'est peut-être pas encore tems de donner un plus grand développement a ces vérités.

(5)

ETAT - MAJOR - GÉNÉRAL.

Du 27 Mai 1793, an deuxième.

Citoyen Commandant , conformément à la lettre que je viens de recevoir du Citoyen Maire, vous voudrez bien tenir prêts les hommes qui ont été demandés par la Commission extraordinaire des Douze de la Convention Nationale.

Le chef de la deuxième légion, faisant le service à l'état major-général par intérim, en son absence.

Signé VINCENT, Sécrétaire-général.

Au dos est écrit : Transcrit littéralement au procès-verbal du Comité civil de la Section de la Montague, le 8 Septembre, 2me. de la République, une et indivisible.

Signés, RAVAULT, Président, DRIEU, Sécrét.

Avec timbre de la Section.

27 Mai 1793, l'an 2 de la République.

Conformément aux ordres du Citoyen Maire , envoyés au citoyen Duvergier, chef de la 4me. Légion, par le Commandant-général provisoire, le Citoyen Commandant de la Section armée de la Butte-des-Moulins, se tiendra prêt à marcher avec le nombre d'hommes demandés par la Commission des Douze de l'Assemblée Nationale et au premier ordre.

Signé, LAPIERRE Adjudant général provisoire.

Au dos est écrit: Transcrit littéralement au procès-

A 3

verbal du comité civil de la Section de la Montagne, ce 8 Septembre 2me. de la République une et indivisible.

Signés, RAVAULT, Président ; DRIEU Sécret ; avec le timbre de sa Section.

Le citoyen *Raffet* étoit donc à son poste, quand un citoyen, qu'il ne connaissoit pas, vient a lui brusquement, en lui demandant avec empire ce qu'il faisoit là : il lui répondit qu'il avoit des ordres. Le même citoyen lui intima celui de se retirer. *Raffet* lui demande son nom. *Marat*, s'écria l'homme inconnu. A ce nom respecté, *Raffet* croisa son sabre sous son bras, et lui dit avec infiniment de modération, qu'il ne pouvoit quitter son poste que par les mêmes ordres qui l'y avoit placé. *Marat* lui avoit appliqué pendant ce temps le bout de son pistolet sur la temple gauche ; il le tint dans cette posture assez fatigante, pendant plus de 10 minutes, mais rien ne put ébranler *Raffet* ; il résista au pistolet comme il avoit résisté aux menaces (1).

Une demie heure après, *Pache* vint à son

____

(1) Raffet pouvoit tuer son ennemi ; il en avoit le droit, car il étoit fonctionnaire, et insulté de la manière la plus grièse par un homme qui avoit déposé le caractère sacré *de Représentant du Peuple*, pour jouer le rôle de gladiateur ; il pouvoit le tuer, et sans doute sa propre mort eut immédiatement suivi celle de *Marat* ; mais ce n'est pas ce motif qui arrêta son bras, ce fut la crainte raisonnée d'une guerre

tour lui demander quels étoient ses ordres.
Raffet les montra , en ajoutant qu'il n'avoit
qu'à lui en intimer d'autres par écrit , qu'il
s'auroit obéir. *Pache* promit de revenir dans
cinq minutes , et ne revînt pas.

Cependant ce détachement faisoit beau-
coup de bruit à la Convention ; on l'avoit
représenté comme composé *d'assassins*, de
sallariés de la comission. *Raffet* fit demander avec instance au Président la permission
de paroître à la barre, pour y rendre compte de sa conduite. Cette permission fut
acordée après quelques débats (1).

Il parut avec la contenance d'un homme
qui a fait son devoir. Cette contenance en
imposa aux tribunes et à quelques criailleurs,
qui essaioient de l'intimider. Mais un homme
qui a vu cent fois la mort dans les com-
bats , un homme accoutumé à entendre

civile , dont son ame a toujours eu horreur , et dont
sa main ne put se résoudre à bruler la première
amorce.

(1) C'est en se rendant a la barre , qu'il dût sa
vie aux femmes généreuses qui avoient vu et entendu
les débats , et qui , en lui faisant un rempart de leurs
corps , arrachoient aux scélérats les torches de la
guerre civile , qu'ils secouoient avec audace jusques
dans le temple des lois.

A 4

ronfler le canon sous ses pieds, ne craint pas les vociférations des sots et des méchans.

Fajet parut à la barre; il rendît compte de sa mission et de sa conduite : il montra ses ordres et en demanda de nouveaux pour se retirer.

La Convention, persuadée de son innocence autant que de son intrépidité , approuva sa conduite et l'admît aux honneurs de la séance (1).

Le 3o mai il reçut un ordre du citoyen *Vanloo*, et un autre du chef de légion *Duvergier* , de faire des patrouilles et de rassembler le plus de monde possible dans le chef-lieu de la Section.

Voici les ordres.

FORCE ARMÉE DE PARIS.

Du 3o Mai 1793 , l'an 2me. de la République Française.

ETAT-MAJOR-GÉNÉRAL.

Citoyen , en vertu d'un ordre du citoyen Duvergier , chef de la 4me. légion , vous voudrez bien faire faire aujourd'hui de fréquentes et nombreuses pa-

---

(1) Ces détails sont mentionnés au procès-verbal de la séance de la Convention Nationale dudit jour 27 mai.

trouilles, pour maintenir la tranquillité et la libre circulation des hommes et des voitures dans l'étendue de la Légion.

Signé VANLOO, Adjudant faisant les fonctions de sous-Adjudant général.

D'après l'ordre du Maire au Commandant général, vous rassemblerez le plus de monde possible dans votre chef-lieu, pour surveiller la Convention, le Temple, les établissemens publics et les prisons, afin que les propriétés soient à l'abri de toute atteinte, et vous ferez faire durant la nuit, des patrouilles très-fréquentes et très-nombreuses, conformément à l'ordre de l'Etat-Major général. *Signé* Mulot Daugé, commandant de service à l'Etat-Major général.

Paris ce 30 *Mai* 1793 , *l'an* 2me. *de la République Française , à dix heures du soir.*

Signé, DUVERGIER , chef provisoire de la 4me. légion.

Ces ordres furent ponctuellement exécutés, et *Raffet* , toujours vigilant, toujours le premier en action , fit des patrouilles imposantes tout le jour et une partie de la nuit.

Le 31 Mai il reçut trois ordres, l'un signé *Duvergier*, l'autre du Commandant provisoire *Hanriot*, et le dernier de *Vanloo*; le 1er. de faire battre le rappel dans la Section, le 2eme. de ne laisser sortir personne des barrières , et le 3eme. de rassembler toutes les Compagnies de la Section, d'en réserver

B

une portion pour se porter où besoin le requérera, et de faire de fréquentes patrouilles avec le reste.

Du 31 Mai 1793, l'an 2eme. de la République Française.

" Citoyen, en vertu d'un arrêté du Conseil-Général de la Commune, donné au chef de la 6me. Légion, faisant le service par intérim à l'État-Major général, vous ferez battre le rappel dans votre Section, pour que les Citoyens se mettent sous les armes, pour protéger les personnes et veiller aux propriétés et au salut public.

Signé, D U V E R G I E R , Chef provisoire de la 4me. Légion.

F O R C E   A R M É E   D E   P A R I S .

Du 31 Mai 1793, l'an 2me. de la République Française.

ÉTAT-MAJOR-GÉNÉRAL, à huit heures trois quarts.

" Citoyen , vous donnerez les ordres les plus prompts pour que dans l'étendue de votre Section, personne ne sorte des barrières , même avec des cartes civiques ou autres papiers quelconques.

Signé , le Commandant général provisoire ,

H A N R I O T .

FORCE ARMÉE DE PARIS.

Du 31 Mai, 1793, l'an 2me. de la République Française.

ETAT-MAJOR-GÉNÉRAL.

Citoyen, d'après l'ordre que j'ai reçu hier au soir du chef de la 4me. légion, au sujet de différens mouvemens dont nous étions menacés pour cette nuit, et qui paroissent se réaliser aujourd'hui, vous voudrez bien rassembler toutes les compagnies de votre section ; vous en réserverez plusieurs dans votre chef-lieu, pour pouvoir se porter où le premier ordre requérera : et du reste, vous ferez de nombreuses et fréquentes patrouilles, et sur-tout portection aux caisses publiques. Les sections qui avoisinent les barrières, n'empêcheront pas qu'elles ne soient fermées.

Signé, VANLOO, sous-adjudant-général par intérim.

A peine *Raffet* s'étoit rangé à son poste, et toutes ses Compagnies n'étoient pas encore rassemblées, qu'il reçut coup sur coup quatre ordres de l'État-Major-central, signés *Hanriot*, dont chacun lui demandoit 200 hommes; il faut les rapporter ici.

ETAT-MAJOR-CENTRAL.

Du 31 Mai 1793, l'an 2me.

Le commandant de la section de la Butte-des-

Moulins fournira deux cent hommes , qui seront aux ordres du citoyen Leroye.

Signé , le Commandant-général provisoire,

HANRIOT.

ETAT-MAJOR-GÉNÉRAL.

Du 31 Mai 1793 , l'an 2me. de la République Française;

Le commandant de la section de la Butte-des-Moulins fournira deux cent hommes , qui seront aux ordres du citoyen Becourr.

Le commandant-général provisoire,

Signé , HANRIOT.

ETAT-MAJOR-GÉNÉRAL.

Du 31 Mai 1793 , l'an 2me. de la République Française.

Le commandant de la section de la Butte-des-Moulins fournira deux cent hommes , qui seront aux ordres du citoyen Martin.

Le commandant-général provisoire ,

Signé , HANRIOT.

ETAT-MAJOR-CENTRAL.

Du 31 Mai 1893 , l'an 2me. de la République Française.

Le commandant de la section de la Butte-des-Moulins fournira deux cent hommes , qui seront aux ordres du citoyen Barlot.

Le commandant-général provisoire ,

Signé , HANRIOT.

La multitude de ces ordres et leur soudaine arrivée manifestoit trop clairement l'intention d'affoiblir la force armée de la section, pour ne pas exciter des réclamations de la part du bataillon et de la part du commandant, contre une aussi forte réquisition, qui devenoit d'autant plus alarmante que le porteur d'un de ses ordres avoit annoncé qu'on alloit encore demander 400 hommes, ce qui formoit un total de 1200.

Nous observerons ici la manière ingénieuse avec laquelle les Citoyens *Genois* et *Cailleux*, ex-membres du Comité-central ont rendu compte de cet imbroglio des quatre ordres, dans le journal du *Thélégraphe*.

» *Raffet*, disent ces membres, qui cherchoit à gagner du temps, exigea qu'il fût envoyé une députation à la commune, pour avoir le nombre précis d'homme qu'on lui demandoit. Celui qui étoit chargé d'y porter la parole, avoit saisi parfaitement l'esprit du chef; car additionnant le nombre contenu sur les trois ordres (il falloit dire les quatre ordres), il s'étonna qu'on eût pû demander un aussi grand nombre d'homme à une même section. L'un de nous, le citoyen *Cailleux*, observa à l'orateur, qu'il y avoit surabondance de calcul dans son procédé. Les députations retirées, les ordres devinrent plus pressans. *Raffet* fut forcé d'envoyer le nombre de citoyens demandés.»

Certes, il n'y a pas surabondance de bonne foi dans ce passage de la lettre des Citoyen *Genois* et *Cailleux*, car s'ils ne sont pas deux imbéciles, ils ont du voir, comme tout le monde, que ces quatre ordres nomment un commandant différent à chaque division : la première division étoit aux ordres du Citoyen *Leroye*, la seconde aux ordres du Citoyen *Bécoure*, la troisième aux ordres du citoyen *Martin*, la quatrième enfin aux ordres du citoyen *Burlot*. En additionnant les quatre divisions de 200 hommes, résultant des quatre ordres destinés et ci-dessus rapportés, la somme étoit bien de 800 hommes, ce qui joint aux quatre cent qu'on assuroit devoir bientôt être demandés, formoit un total de 1200 hommes. Il n'y avoit donc point surabondance de calcul.

Quoiqu'il en soit, la Commune envoya deux officiers municipaux, dont un, nommé *Marinot* (1), dit que la Commune n'ayant point eu l'intention d'affoiblir la Section de la Butte-des-Moulins, se contentoit de 200 hommes seulement, nonobstant les ordres antérieurs. *Raffet* ne fut donc pas forcé, comme le disent les véridiques auteurs de la lettre, d'envoyer le nombre de

______

(1) Ce fonctionnaire public a été guillotiné quelque temps avant Robespierre.

Citoyens demandé. Il ne partit que 200 hommes, sous la conduite du citoyen *Boicervoise*, un des capitaines du bataillon.

Tandis que tout ceci s'arrangeoit bien ou mal au gré de la Commune, *Raffet* fut instruit que le Palais Égalité, où étoit rangé une partie de son bataillon, étoit investi par une force armée de 19,000 hommes et de 9 pièces de canons chargés à mitraille. Par qui investi, et pourquoi l'étoit-il ? Ses ennemis, ou plutôt ceux de la chose publique, avoient répandu le bruit qu'il avoit arboré la cocarde blanche, qu'il étoit en pleine contre-révolution, etc. Les Citoyens des faubourgs St. Antoine et St. Marceau, égarés par ces bruits abominables, arrivoient en foule avec des intentions hostiles. Le premier devoir de *Raffet* fut de se mettre sur la défensive, mais le besoin de son cœur fut de parlementer. Il se hâta de prévenir une boucherie, que les scélérats cherchoient à provoquer par toutes sortes de voies : il s'expliqua franchement ; on s'éclaircit de part et d'autre, et l'on finit par poser les armes et par s'embrasser, et se jurer de ne jamais employer ces armes que contre les ennemis de la Patrie.

Ce fut alors que *Raffet*, excédé de fatigues, n'ayant rien pris depuis 24 heures, attendri d'une scène aussi touchante, tomba de foiblesse et de besoin entre les bras d'un de ses camarades. Cet événement, que la plupart des journaux ont mal rendu et que ses ennemis ont dénaturé, comme tout le reste, prouveroit seul l'excellence de son naturel, s'il étoit ici question de preuves morales : au reste, il eut des suites, puisque depuis cette époque jusqu'au 25 Juin, *Raffet* fut obligé de garder le lit, et pendant cet intervale, les Citoyens des faubourgs lui envoyèrent journellement des députations, pour s'informer de sa santé, et ceux de sa Section lui adressèrent l'adresse suivante :

LA SECTION ARMÉE DE LA BUTTE-DES-MOULINS,

AU CITOYEN RAFFET.

Brave Commandant,

Le bataillon que tu commandes s'est vu prêt à périr, victime de la plus infâme calomnie. Les ennemis de la République attendoient avec une joie barbare, l'issue de leur affreuse impostures : le sang alloit couler ; la guerre civile étoit préte à s'allumer ; mais le génie qui nous protège a dévoilé la perfidie, et terrassé la discorde ; les plus doux embrassemens ont succédé aux faux soupçons ; les instigateurs de cette fourbe noire ont pris la fuite, un seul cri s'est élevé... Comment avons nous pu le croire ! Cri

divin

divin de la sensibilité, qui nous a précipité dans les bras de nos frères ! Brave commandant , que n'as-tu pu jouir de ce moment délicieux ; il eût versé dans ton sang un beaume salutaire ; tu as partagé nos dangers, tu t'es montré le digne chef des Citoyens qui t'ont mis à leur tête ; reviens à la santé promptement , pour ta famille , pour nous, pour tes frères d'armes. Nous t'aimons tous, nous te le disons franchement en bons républicains , parce que tu l'as mérité. Voilà l'adresse amicale que nous avons délibéré de t'envoyer unanimement , et nous la croyons faite pour ton cœur.

Paris, ce 6 juin 1793 , l'an 2me. de la République Française.

Signés , Jérôme , Legrand, Bignon , Deforge, Marche , Commandant en second ; de Lisle , Desrozières, Chambort, le Mairy , Duhenois Sergent-Major ; Monvoisin , Royer , Lafargue , Delaporte, Lemoine, Rochier, Moliere, Renoir, Langlois, Meller, Nicolas, Jérôme fils, Beulin , Bertrand , Pinard, Guérin, de Lorme , Juillet , Capitaine ; Maureyge, Boullé, Decam , Gattien, le Fèvre , Bernier , Mauré , Pouchel, Thomas, Boissière, Vial , Benard, Cellier, Perrier, Capitaine ; Duval, le Cler, Fontaine, Capitaine ; Derbanne , Jandelle, Capitaine ; Benoit, Gomberte, Brodart, Capitaine ; Boicervoise, Capitaine ; Cordebar, Capitaine ; Duret.

Le 27 Juin, c'est-à-dire, deux jours après

sa convalescence, *Raffet* fut commandé avec une réserve pour empêcher le pillage des bateaux et du Port St. Nicolas; il s'acquitta de cette commission avec succès. Le soir, en retournant au poste, son sabre, en glissant sous son bras, lui tomba sur la jambe, dont il pénétra le mollet de plus de quatre pouces. Cette blessure lui fit garder la chambre, et ce fut pendant cet intervalle qu'il fut nommé, à la grande pluralité des voix, Commandant-général de la Garde Parisienne.

Nous ne dévoilerons point ici les ruses, les manœuvres, les distributions d'argent qu'employèrent les partisans *d'Hanriot* pour combattre cette pluralité : qu'il nous suffise de dire que le scrutin fut rompu d'autorité, et la nomination de *Raffet* annulée. Ce fait très-curieux appartient à l'histoire.

Raffet, exclu par ordre de la Commune du commandement de la Garde Nationale, que le peuple venoit de lui confier, continua de commander le bataillon de sa Section jusqu'au 5 Septembre 1793. Alors un autre le remplaça, et il rentra avec plaisir dans la classe de simple fusilier. Il crut que n'étant plus en place, il cesseroit d'être en butte à la persécution. Il eut tort ; il ne savoit pas qu'on pardonne quelquefois le mal qu'on reçoit et jamais celui qu'on fait. Dans la nuit du 7 au 8 Septembre qui suivit sa démission, Benard (1), Commissaire civil de sa Section , accompagné d'un Officier de paix et de 50 hommes armés , arrivèrent chez lui, sous prétexte d'une visite domiciliaire , mais avec l'intention bien décidée de l'arrêter. Les horreurs de toute espèce furent commises en présence de sa mère et de sa sœur. On renversa tous les meubles , on fouilla dans tous les lits à coup de sabres et de piques ; on vomissoit des imprécations contre le ciel , qui cachoit la victime aux regards de ses bourreaux. Le ciel fut sourd aux imprécations, les horreurs furent en pure perte ; la victime échapa aux familiers de l'inquisition *d'Hanriot.*

Cette dernière levée de bouclier n'étoit plus équivoque ; elle ne laissoit aucun doute sur le projet de ses ennemis. Il résolut de se soustraire à une mort inévitable , par un moyen qui conciliât à la fois et sa sûreté personnelle et son amour pour la patrie : il s'engagea dans un Régiment de Hussards , sous son nom de baptême *Nicolas* , sachant que sa tête étoit mise à prix par *Hanriot* sous celui de *Raffet.* Il abandonna sa mère, sa sœur et son domicile pour aller servir à la

______

(1) Ce Benard vient d'être tout récemment condamné à 12 ans de fer , convaincu de vols de Mitraille d'argenterie. *Ab una disces omnes.*

frontière dans le 9me. Régiment d'Hussards (1). Il fut arrêté et incarcéré à Vitry, avec 20 de ses camarades, et remis en liberté par *Duhem*, qui découvrit que leur incarcération étoit une vengeance et un complot formé par l'État-Major.

Tel est l'état exact des faits, telle est la vie politique du Citoyen *Raffet*, dénuée de tout ce brillant entourage d'éloquence et de parlage, dont le crime se couvre quelquefois avec tant davantage. Il auroit pu comme un autre jetter dans son récit les mots de *Liberté*, de *Patriotisme*, de *hauteur des circonstances*, etc... Il auroit pu y semer des réflexions piquantes et personnelles, pour y répandre cette espèce d'intérêt qui plaît à tant de Lecteurs; il a préféré la vérité toute nue (2). Il faut se résumer.

Il est de fait qu'il n'a point cessé de combattre les ennemis de sa Patrie, depuis l'aurore de la révolution jusqu'à ces derniers jours.

------

(1) Il partit avec le Citoyen *Beschamps*, Maréchal de Logis en chef, muni d'une route fournie par le citoyen *Montmayeur*, Chef d'Escadron.

(2) Le Citoyen *Raffet* sert sa patrie depuis l'âge de 12 ans à ses frais, tant par mer que par terre; il ne rapporte ici qu'absolument les faits indispensables pour réfuter les calomnies et les calomniateurs.

Il est de fait qu'il n'a jamais émigré (1), qu'il n'y a jamais songé , quoiqu'il plaise au citoyen *Mithois* de lui donner un brévet de Lieutenant de *Charrette*.

Il est de fait qu'il n'a jamais été l'agent de *Lafayette* , quoiqu'il ait plu au citoyen *Paillardelle* de le représenter comme tel aux *Jacobins*.

Il est de fait qu'il n'étoit point l'agent du parti *Brissotin* , quoiqu'il ait plu au Général *Hanriot* de le dire à tous ceux qui ont voulu l'entendre.

Mais le Général *Hanriot* a payé de sa tête ses trahisons et ses calomnies.

Mais *Paillardelle* n'est pas plus croyable en révolution qu'en commerce.

Mais *Mithois* est mal informé par ses amis de la Vendée, de ce qui se passe dans l'anti-chambre de *Charrette*.

Cependant *Raffet* persécuté , incarceré, calomnié , traîne une vie pénible, équivoque, et inutile à sa patrie. Ses ennemis triomphent et le déchirent tous les jours dans les Journaux stipendiés : il demande justice à la Convention ; il réclame l'exercice de tous ses droits de citoyen , et il ne veut s'en servir que contre les ennemis de la Patrie.

Signé , R A F F E T.

---

(1) Le certificat ci-après prouve ce fait.

NEUVIÈME RÉGIMENT DE HUSSARDS.

LIBERTÉ, EGALITÉ, FRATERNITE, OU LA MORT.

Nous Officiers , sous-Officiers et hussards au neuvième régiment , certifions et attestons à qui il appartiendra que depuis le 15 Octobre, 1793 , (v. s.) jusqu'au 15 Germinal de la 2e. année républicaine, le citoyen *Nicolas Raffet* , dit *Nicolas* , a , sans interruption , été présent au corps, et y a fait le service en qualité de hussard.

En foi de quoi lui avons signé le présent pour lui ervir et valoir à ce que de raison.

Fait à Paris , le 29 Fructidor , l'an 2e. de la République française , une et indivisible.

Signés, Deschamps, maréchal-des-logis en chef; Laforest , brigadier-fourier ; Plou , hussard ; Desroches , hussard ; Lieubray , brigadier ; Valcour, hussard ; Dupeiron , hussard ; Renaut , hussard ; Borie , hussard maréchal-des-logis ; Voisin, maréchal-des-logis ; Borderel , brigadier-fourier , Voirand , adjudant ; Dupuis , sous-lieutenant ; Ginestel , lieutenant ; Lescriniére , sous - lieutenant, C. Boudin valpol, captiaine.

Nous chefs d'escadron au 9e. régiment des hussards , certifions que les signatures apposées au certificat ci-joint , sont celles des Officiers , Sous-Officiers hussards dudit régiment, et que foi doit y être ajoutée.

A Paris ce 22 Brumaire , l'an III de la République française une et indivisible.

Signé, MONTMAYEUR , *chef d'escadron.*

De l'Imprimerie du Bureau Patriotique et de la Correspondance Républicaine, Rue Gallande.